Vamos Aprender

HISTÓRIA

ANOS INICIAIS DO ENSINO FUNDAMENTAL

COMPONENTE CURRICULAR:
HISTÓRIA • 1º ANO

Caroline Minorelli
Bacharela e licenciada em História pela Universidade Estadual de Londrina (UEL-PR).
Especialista em História e Teorias da Arte: Modernidade e Pós-Modernidade pela UEL-PR.
Atuou como professora da rede pública no Ensino Fundamental e no Ensino Médio no estado do Paraná.
Autora de livros didáticos para o Ensino Fundamental.

Charles Chiba
Bacharel e licenciado em História pela UEL-PR.
Especialista em História Social e Ensino de História pela UEL-PR.
Professor de História da rede particular de ensino.
Autor de livros didáticos para o Ensino Fundamental.

São Paulo, 1ª edição, 2017

Vamos aprender História 1
© Edições SM Ltda.
Todos os direitos reservados

Direção editorial	M. Esther Nejm
Gerência editorial	Cláudia Carvalho Neves
Gerência de *design* e produção	André Monteiro
Coordenação de *design*	Gilciane Munhoz
Coordenação de arte	Melissa Steiner Rocha Antunes, Ulisses Pires
Coordenação de iconografia	Josiane Laurentino
Coordenação de preparação e revisão	Cláudia Rodrigues do Espírito Santo
Suporte editorial	Alzira Bertholim Meana
Produção editorial	Scriba Soluções Editoriais
Supervisão de produção	Priscilla Cornelsen Rosa
Edição	Alexandre de Paula Gomes
Edição de imagem	Bruno Benaduce Amancio
Preparação de texto	Shirley Gomes
Revisão	Claudia Maietta, Viviane Teixeira Mendes
Edição de arte	Mary Vioto, Barbara Sarzi, Janaina Oliveira
Pesquisa iconográfica	André Silva Rodrigues, Soraya Pires Momi
Tratamento de imagem	José Vitor E. Costa
Capa	João Brito, Carla Almeida Freire
Imagem de capa	Fernando Volken Togni
Projeto gráfico	Marcela Pialarissi, Rogério C. Rocha
Editoração eletrônica	Renan Fonseca
Fabricação	Alexander Maeda
Impressão	Stilgraf

Em respeito ao meio ambiente, as folhas deste livro foram produzidas com fibras obtidas de árvores de florestas plantadas, com origem certificada.

Dados Internacionais de Catalogação na Publicação (CIP)
(Câmara Brasileira do Livro, SP, Brasil)

Minorelli, Caroline Torres
  Vamos aprender história, 1º ano : ensino
fundamental, anos iniciais / Caroline Torres
Minorelli, Charles Hokiti Fukushigue Chiba. –
1. ed. – São Paulo : Edições SM, 2017.

  Suplementado pelo manual do professor.
  Bibliografia.

  ISBN 978-85-418-1970-1 (aluno)
  ISBN 978-85-418-1971-8 (professor)

  1. História (Ensino fundamental) I. Chiba,
Charles Hokiti Fukushigue. II. Título.

17-11071   CDD-372.89

Índices para catálogo sistemático:
1. História : Ensino fundamental 372.89

1ª edição, 2017
2ª impressão 2019

Edições SM Ltda.
Rua Tenente Lycurgo Lopes da Cruz, 55
Água Branca 05036-120 São Paulo SP Brasil
Tel. 11 2111-7400
edicoessm@grupo-sm.com
www.edicoessm.com.br

APRESENTAÇÃO

CARO ALUNO, CARA ALUNA,

TUDO O QUE EXISTE AO NOSSO REDOR TEM HISTÓRIA: OS OBJETOS, AS CONSTRUÇÕES, AS MÁQUINAS, OS COSTUMES, OS HÁBITOS COTIDIANOS, O TRABALHO E, TAMBÉM, A VIDA DAS PESSOAS.

PARA AJUDAR A COMPREENDER COMO NOS TORNAMOS O QUE SOMOS E POR QUE AS COISAS SÃO COMO SÃO, EXISTE A DISCIPLINA DE HISTÓRIA. POR MEIO DELA, PODEMOS RECORRER AO PASSADO PARA SABER DE QUE MANEIRAS AS PESSOAS AGIAM, COMO REALIZAVAM SEUS TRABALHOS, E MUITO MAIS.

PORTANTO, ESTE LIVRO FOI FEITO PARA AJUDAR VOCÊ A ESTUDAR HISTÓRIA. NELE, HÁ DIFERENTES TIPOS DE TEXTOS, IMAGENS, ATIVIDADES E OUTROS RECURSOS INTERESSANTES PARA INVESTIGAR E DESCOBRIR MUITAS INFORMAÇÕES SOBRE O PASSADO. AO ESTUDAR COM ESTE LIVRO, VOCÊ TAMBÉM VAI PERCEBER QUE A NOSSA VIDA, NO TEMPO PRESENTE, É FRUTO DAS AÇÕES DE PESSOAS QUE VIVERAM NO PASSADO.

BOM ANO E BONS ESTUDOS!

SUMÁRIO

UNIDADE 1 — EU TENHO HISTÓRIA 6

PARA CONHECER A HISTÓRIA DE VIDA 8
   PRATIQUE E APRENDA 10

MEUS DOCUMENTOS PESSOAIS 12
   POR DENTRO DO TEMA
     AS CAMPANHAS DE VACINAÇÃO 14
   PRATIQUE E APRENDA 15

MEUS OBJETOS PESSOAIS 16
   PRATIQUE E APRENDA 18

MINHAS RECORDAÇÕES 20
   DIVIRTA-SE E APRENDA
     CAIXA DE RECORDAÇÕES 22
   PRATIQUE E APRENDA 24

EU MUDO COM O TEMPO 25
   PRATIQUE E APRENDA 26

O DIA DO ANIVERSÁRIO 27
   PRATIQUE E APRENDA 29
   APRENDA MAIS! 29

UNIDADE 2 — CRIANÇA GOSTA DE BRINCAR 32

TODO MUNDO BRINCA 34
   FAZENDO HISTÓRIA
     MARINA BOBADILHA MACIEL DE OLIVEIRA 36
   PRATIQUE E APRENDA 37

MUITAS MANEIRAS DE BRINCAR 38

BRINQUEDOS DE TODOS OS TEMPOS 41
   PRATIQUE E APRENDA 43

BRINCADEIRAS DE RUA 44
   INVESTIGUE E APRENDA
     BRINCAR EM DIFERENTES ÉPOCAS 46
   POR DENTRO DO TEMA
     AS CRIANÇAS TÊM DIREITOS! 47

AS BRINCADEIRAS E O FOLCLORE 48
   PRATIQUE E APRENDA 50
   DIVIRTA-SE E APRENDA
     BILBOQUÊ 52

UNIDADE 3 — A MORADIA E A FAMÍLIA 54

- COM QUEM EU MORO 56
  - PRATIQUE E APRENDA 57
- AS FAMÍLIAS 58
  - APRENDA MAIS! 61
  - PARA FAZER JUNTOS! 62
  - PRATIQUE E APRENDA 62
- MINHA FAMÍLIA É ASSIM 64
  - PRATIQUE E APRENDA 66
  - OS PARENTES 67
  - PRATIQUE E APRENDA 68
- A HISTÓRIA DA FAMÍLIA 69
  - PRATIQUE E APRENDA 71
  - FAZENDO HISTÓRIA
    - MESTRE DIDI 73
- AS FAMÍLIAS E SUAS MORADIAS 74
- EU AJUDO A MINHA FAMÍLIA 77
  - PRATIQUE E APRENDA 79
  - DIVIRTA-SE E APRENDA
    - CAIXAS DE BRINQUEDOS 80
- FESTA EM FAMÍLIA 81
  - POR DENTRO DO TEMA
    - O QUARUP 82
- FESTAS E COMEMORAÇÕES NO PASSADO 83
  - PRATIQUE E APRENDA 84

UNIDADE 4 — A ESCOLA 86

- A ESCOLA ONDE EU ESTUDO 88
- DIFERENTES ESCOLAS 90
  - PARA FAZER JUNTOS! 93
  - POR DENTRO DO TEMA
    - TECNOLOGIAS NA ESCOLA 94
  - PRATIQUE E APRENDA 95
- O DIREITO À ESCOLA ACESSÍVEL 97
  - PRATIQUE E APRENDA 98
  - DIVIRTA-SE E APRENDA
    - MENSAGEM ENIGMÁTICA 99
- BRINCADEIRAS E CONVIVÊNCIA NA ESCOLA 100
  - PRATIQUE E APRENDA 101
  - A RELAÇÃO COM OS COLEGAS DA ESCOLA 102
- OS PROFESSORES 103
  - PRATIQUE E APRENDA 104
- PARA A ESCOLA FUNCIONAR BEM 105
  - PRATIQUE E APRENDA 106
- A ESCOLA EM OUTROS TEMPOS 108
  - PRATIQUE E APRENDA 110
  - INVESTIGUE E APRENDA
    - ESTUDAR EM OUTRAS ÉPOCAS 111

BIBLIOGRAFIA 112

CONHEÇA OS ÍCONES

 RESPONDA À ATIVIDADE ORALMENTE.

 ESCREVA A RESPOSTA NO CADERNO.

UNIDADE 1 — EU TENHO HISTÓRIA

AVÓ E SEU NETO OBSERVAM UM ÁLBUM DE FOTOS.

PONTO DE PARTIDA

1. O QUE AS PESSOAS DA IMAGEM ESTÃO FAZENDO?

2. QUE INFORMAÇÕES PODEMOS CONSEGUIR AO REALIZAR ESSE TIPO DE ATIVIDADE?

3. VOCÊ COSTUMA FAZER ISSO TAMBÉM?

PARA CONHECER A HISTÓRIA DE VIDA

CADA CRIANÇA POSSUI UMA HISTÓRIA E O SEU MODO DE VIVER. EXISTEM VÁRIAS MANEIRAS DE SE CONHECER ESSA HISTÓRIA.

OBSERVE.

C

D

- O QUE AS CRIANÇAS DESCOBRIRAM SOBRE A VIDA DELAS NO PASSADO? COMENTE COM OS COLEGAS.

PRATIQUE E APRENDA

1. CONVERSE COM AS PESSOAS DA SUA FAMÍLIA PARA DESCOBRIR INFORMAÇÕES SOBRE A HISTÓRIA DA SUA VIDA.

2. FAÇA UM DESENHO PARA REPRESENTAR O QUE VOCÊ DESCOBRIU.

3. MOSTRE SEU DESENHO PARA OS COLEGAS. DEPOIS, CONTE O QUE VOCÊ DESCOBRIU SOBRE A HISTÓRIA DA SUA VIDA.

4. LEIA O TEXTO ABAIXO.

> [...]
>
> O TIO RODRIGO ENSINOU-ME QUE SE AS REGRAS EXISTEM... É POR ALGUMA RAZÃO.
>
> FOI TAMBÉM COM ELE QUE APRENDI A SABER PERDER.
>
> [...]
>
> *OBRIGADO A TODOS!*, DE ISABEL M. MARTINS. SÃO PAULO: PEIRÓPOLIS, 2012.

A. MARQUE UM **X** NO QUE A CRIANÇA APRENDEU COM O TIO DELA.

◯ APRENDEU QUE AS REGRAS EXISTEM POR ALGUMA RAZÃO.

◯ APRENDEU A GANHAR SEMPRE.

◯ APRENDEU A SABER PERDER.

B. COM QUAIS PESSOAS DA SUA FAMÍLIA VOCÊ JÁ APRENDEU ALGO? MARQUE UM **X** NAS ALTERNATIVAS.

◯ MÃE.   ◯ IRMÃOS.

◯ PAI.   ◯ TIOS.

◯ AVÓS. ◯ PRIMOS.

C. CONTE PARA OS COLEGAS ALGO QUE VOCÊ APRENDEU COM UMA PESSOA DA FAMÍLIA.

MEUS DOCUMENTOS PESSOAIS

PODEMOS CONSULTAR ALGUNS DOCUMENTOS PARA DESCOBRIRMOS INFORMAÇÕES SOBRE NOSSA HISTÓRIA DE VIDA.

OBSERVE O DOCUMENTO ABAIXO.

REPRODUÇÃO DE UMA CERTIDÃO DE NASCIMENTO.

1. DE QUEM É O DOCUMENTO APRESENTADO NA PÁGINA **12**?

◯ ARTHUR SAID BENACE.   ◯ VITOR DOS SANTOS.

2. EM QUAL ANO ESSA PESSOA NASCEU?

◯ 1995.   ◯ 2008.

3. QUE OUTRAS INFORMAÇÕES APARECEM NO DOCUMENTO?

O DOCUMENTO DA PÁGINA ANTERIOR É UMA **CERTIDÃO DE NASCIMENTO**. ELE É UM DOS DOCUMENTOS MAIS IMPORTANTES DE UMA PESSOA.

ALÉM DA CERTIDÃO DE NASCIMENTO, EXISTEM OUTROS DOCUMENTOS PESSOAIS. OBSERVE MAIS UM DESSES DOCUMENTOS.

REPRODUÇÃO DE UMA CADERNETA DE VACINAÇÃO.

4. QUE TIPO DE INFORMAÇÕES HÁ NESSE DOCUMENTO?

POR DENTRO DO TEMA

SAÚDE

AS CAMPANHAS DE VACINAÇÃO

NA CADERNETA DE VACINAÇÃO, SÃO ANOTADAS AS VACINAS QUE A PESSOA PRECISA TOMAR E TAMBÉM QUAIS VACINAS ELA JÁ TOMOU.

AS VACINAS SÃO IMPORTANTES PORQUE PROTEGEM AS PESSOAS CONTRA DIVERSAS DOENÇAS.

PARA QUE CRIANÇAS E ADULTOS SE LEMBREM DE TOMAR AS VACINAS, SÃO REALIZADAS CAMPANHAS DE VACINAÇÃO.

CARTAZ DE CAMPANHA REALIZADA EM 2016 PARA A ATUALIZAÇÃO DA CADERNETA DE VACINAÇÃO.

- VOCÊ JÁ FOI VACINADO DURANTE UMA CAMPANHA DE VACINAÇÃO NO MUNICÍPIO ONDE VOCÊ MORA? COMENTE COM OS COLEGAS.

PRATIQUE E APRENDA

1. COM A AJUDA DE UM ADULTO DE SUA FAMÍLIA, CONSULTE SUA CERTIDÃO DE NASCIMENTO E RESPONDA ÀS QUESTÕES.

A. QUAL É SEU NOME COMPLETO?

_____

_____

B. EM QUE DIA, MÊS E ANO VOCÊ NASCEU?

_____

_____

C. EM QUAL MUNICÍPIO, ESTADO E PAÍS VOCÊ NASCEU?

_____

_____

QUE CURIOSO!

OUTROS DOCUMENTOS

A CERTIDÃO DE NASCIMENTO E A CARTEIRA DE VACINAÇÃO SÃO CHAMADAS **DOCUMENTOS PESSOAIS**.

UMA PESSOA ADULTA, POR EXEMPLO, PODE TER VÁRIOS DOCUMENTOS PESSOAIS, COMO A CARTEIRA DE MOTORISTA E O TÍTULO DE ELEITOR.

REPRODUÇÃO DE UMA CARTEIRA DE MOTORISTA.

MEUS OBJETOS PESSOAIS

OUTRA MANEIRA DE SABER INFORMAÇÕES SOBRE A HISTÓRIA DE VIDA DE UMA PESSOA É CONHECER OS OBJETOS QUE ELA JÁ UTILIZOU OU UTILIZA EM SEU DIA A DIA.

ROUPA.

VEJA ALGUNS OBJETOS QUE EU USAVA QUANDO ERA BEBÊ.

SAPATINHO DE BEBÊ.

BABADOR.

FRALDA.

💬 **1.** CITE OS OBJETOS QUE O MENINO DA ILUSTRAÇÃO USAVA QUANDO ERA BEBÊ.

💬 **2.** CITE OS OBJETOS QUE O MENINO DA ILUSTRAÇÃO USA ATUALMENTE.

PRATIQUE E APRENDA

1. DESENHE UM OBJETO QUE VOCÊ USAVA QUANDO ERA BEBÊ.

2. AGORA, DESENHE UM OBJETO QUE VOCÊ UTILIZA ATUALMENTE.

3. MOSTRE SEUS DESENHOS AOS COLEGAS E CONTE O QUE VOCÊ DESENHOU.

4. LIGUE CADA UM DOS OBJETOS ANTIGOS AO SEU SEMELHANTE.

- QUAIS OBJETOS FORAM RETRATADOS ACIMA? COMO VOCÊ DESCOBRIU? CONTE PARA OS COLEGAS.

MINHAS RECORDAÇÕES

MUITAS SITUAÇÕES FICAM GUARDADAS EM NOSSA MEMÓRIA AO LONGO DA VIDA. ELAS FAZEM PARTE DE NOSSAS RECORDAÇÕES. OBSERVE.

A EU ME LEMBRO DA PRIMEIRA BICICLETA QUE GANHEI!

B ADORAVA OUVIR MEU TIO TOCAR VIOLÃO E CANTAR JUNTO COM ELE.

C NO ANO PASSADO, GANHEI O PRIMEIRO GIBI DA MINHA COLEÇÃO.

1. VOCÊ SE LEMBROU DE ALGO QUE ACONTECEU EM SUA VIDA? CONTE PARA OS COLEGAS O QUE FEZ VOCÊ LEMBRAR DESSE ACONTECIMENTO.

LEIA A HISTÓRIA EM QUADRINHOS ABAIXO.

A CAIXA DE RECORDAÇÕES

Ilustrações: Rafael da Silva

💬 **2.** VOCÊ ACHA IMPORTANTE GUARDAR OBJETOS DE RECORDAÇÃO? COMENTE COM OS COLEGAS.

💬 **3.** VOCÊ OU ALGUÉM DE SUA FAMÍLIA COSTUMA GUARDAR OBJETOS OU FOTOS DE RECORDAÇÃO? COMENTE COM OS COLEGAS.

DIVIRTA-SE E APRENDA

CAIXA DE RECORDAÇÕES

EM UMA CAIXA DE RECORDAÇÕES PODEM SER GUARDADOS DIVERSOS OBJETOS. VAMOS FAZER UMA CAIXA PARA GUARDAR SUAS RECORDAÇÕES.

SIGA AS ETAPAS:

A) PEÇA A UM ADULTO DA SUA FAMÍLIA UMA CAIXA DE PAPELÃO DE TAMANHO MÉDIO.

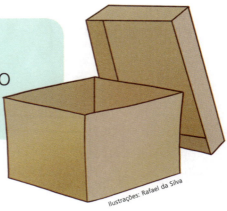

Ilustrações: Rafael da Silva

B) COM A AJUDA DO ADULTO, ENCAPE A CAIXA DE PAPELÃO COM PAPEL COLORIDO OU PINTE COM SUAS CORES PREFERIDAS UTILIZANDO TINTA GUACHE.

C) NA TAMPA DA CAIXA, ESCREVA "MINHAS RECORDAÇÕES" E TAMBÉM SEU NOME.

D REÚNA ALGUNS DE SEUS OBJETOS PARA GUARDAR NA CAIXA, POR EXEMPLO:

- BRINQUEDOS COM OS QUAIS VOCÊ NÃO BRINCA MAIS;
- OBJETOS DIVERSOS QUE VOCÊ NÃO USA MAIS;
- ROUPAS QUE VOCÊ USOU QUANDO ERA BEBÊ;
- DESENHOS FEITOS POR VOCÊ;
- FOTOS.

E GUARDE OS OBJETOS QUE VOCÊ REUNIU NA CAIXA. SUA CAIXA DE RECORDAÇÕES ESTÁ PRONTA!

Ilustrações: Rafael da Silva

PRATIQUE E APRENDA

1. DESENHE NO ESPAÇO ABAIXO UM ACONTECIMENTO QUE FAZ PARTE DAS SUAS RECORDAÇÕES.

2. ANA ESTÁ MONTANDO SUA CAIXA DE RECORDAÇÕES. ESCREVA A LETRA INICIAL DE CADA FIGURA PARA DESCOBRIR OS OBJETOS QUE ELA ESTÁ GUARDANDO.

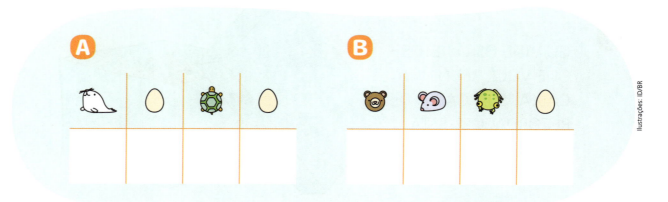

EU MUDO COM O TEMPO

SEU JEITO DE SER, SEUS HÁBITOS E ALGUMAS CARACTERÍSTICAS DE SEU CORPO MUDAM COM O PASSAR DO TEMPO.

SEU CORPO ESTÁ CRESCENDO, DESENVOLVENDO-SE E PASSARÁ POR MUITAS TRANSFORMAÇÕES AO LONGO DE SUA VIDA. COM O PASSAR DO TEMPO, VOCÊ PODE APRENDER A FAZER VÁRIAS COISAS QUE ANTES NÃO CONSEGUIA FAZER SEM A AJUDA DE UM ADULTO.

VEJA ALGUMAS TRANSFORMAÇÕES DE ALINE.

1 ANO.

7 ANOS.

15 ANOS.

26 ANOS.

Ilustrações: Estúdio Mil

1. CITE UMA CARACTERÍSTICA DO SEU CORPO QUE MUDOU AO LONGO DO TEMPO.

2. CITE UMA ATIVIDADE QUE ANTES VOCÊ NÃO CONSEGUIA REALIZAR SOZINHO E HOJE CONSEGUE.

PRATIQUE E APRENDA

1. VALENTINA É UMA CRIANÇA DE 6 ANOS. OBSERVE DUAS FOTOS DELA EM DIFERENTES IDADES. DEPOIS, MARQUE UM **X** NA ALTERNATIVA CORRETA.

A
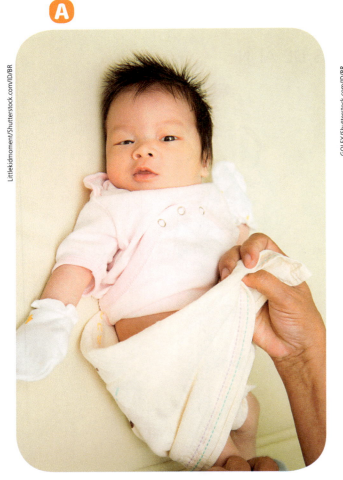

B

A. NA FOTO **A**, VALENTINA TEM:

◯ 3 MESES DE IDADE.   ◯ 6 ANOS DE IDADE.

B. NA FOTO **B**, VALENTINA ESTÁ:

◯ SE VESTINDO SOZINHA.   ◯ SENDO VESTIDA POR UM ADULTO.

O DIA DO ANIVERSÁRIO

O DIA DO ANIVERSÁRIO É UMA DATA MUITO ESPERADA PELA MAIORIA DAS PESSOAS, POIS É NELA QUE SE COMEMORA O DIA DO NASCIMENTO.

EXISTEM DIFERENTES MANEIRAS DE SE COMEMORAR O ANIVERSÁRIO. UMA DELAS É REUNIR FAMILIARES E AMIGOS EM CASA, EM UM SALÃO DE FESTAS OU EM OUTROS LUGARES. NESSAS OCASIÕES, COSTUMA-SE CANTAR PARA O ANIVERSARIANTE.

MAS ESSA NÃO É A ÚNICA MANEIRA DE COMEMORAR ESSA DATA. OBSERVE.

CAMILO GOSTA DE COMEMORAR SEU ANIVERSÁRIO NA ESCOLA, COM SEUS COLEGAS DE SALA.

JÚLIA E MATEUS, QUE SÃO GÊMEOS, GOSTAM DE PASSAR O DIA DO ANIVERSÁRIO COM SEUS FAMILIARES EM CASA.

SILVIA GOSTA DE BRINCAR COM OS AMIGOS NO PARQUINHO PERTO DA SUA CASA NO DIA DO SEU ANIVERSÁRIO.

- COMO VOCÊ GOSTA DE COMEMORAR SEU ANIVERSÁRIO?

PRATIQUE E APRENDA

1. AGORA, DESENHE SUA MANEIRA PREFERIDA DE COMEMORAR O SEU ANIVERSÁRIO.

- DEPOIS, MOSTRE SEU DESENHO AOS COLEGAS.

APRENDA MAIS!

ESSE LIVRO CONTA A HISTÓRIA DE GILDO, UM ELEFANTINHO QUE TINHA MEDO DE BALÕES DE FESTA DE ANIVERSÁRIO. UM DIA, PORÉM, ELE DESCOBRE QUE OS BALÕES PODEM SER BASTANTE DIVERTIDOS.

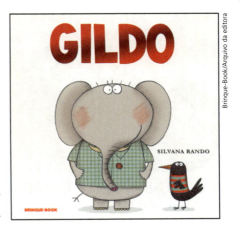

GILDO, DE SILVANA RANDO. SÃO PAULO: BRINQUE-BOOK, 2010.

QUE CURIOSO!

PINHATA

O DIA DO ANIVERSÁRIO É COMEMORADO PELAS PESSOAS DE DIFERENTES MANEIRAS, EM VÁRIOS LUGARES DO MUNDO.

NO MÉXICO, POR EXEMPLO, É COMUM CONSTRUIR UMA PINHATA PARA O ANIVERSARIANTE.

A PINHATA PODE TER DIFERENTES FORMATOS. DENTRO DELA, SÃO COLOCADOS DOCES, COMO BALAS E CHOCOLATES.

PINHATA EM FORMATO DE CAVALO.

DE OLHOS VENDADOS, O ANIVERSARIANTE PRECISA QUEBRAR A PINHATA, ESPALHANDO OS DOCES QUE TEM DENTRO DELA.

MENINA TENTA QUEBRAR UMA PINHATA NO DIA DO SEU ANIVERSÁRIO, EM MAZATLÁN, MÉXICO, EM 2015.

PONTO DE CHEGADA

1. CITE UM OBJETO QUE VOCÊ USAVA QUANDO ERA BEBÊ. CITE TAMBÉM UM OBJETO QUE VOCÊ GOSTA DE USAR ATUALMENTE.

2. VOCÊ JÁ GUARDOU ALGUM OBJETO DE RECORDAÇÃO? CONTE PARA OS COLEGAS.

3. EXISTE ALGUM OUTRO COSTUME QUE VOCÊ PRATICA EM SUAS FESTAS DE ANIVERSÁRIO? DESENHE NO ESPAÇO ABAIXO.

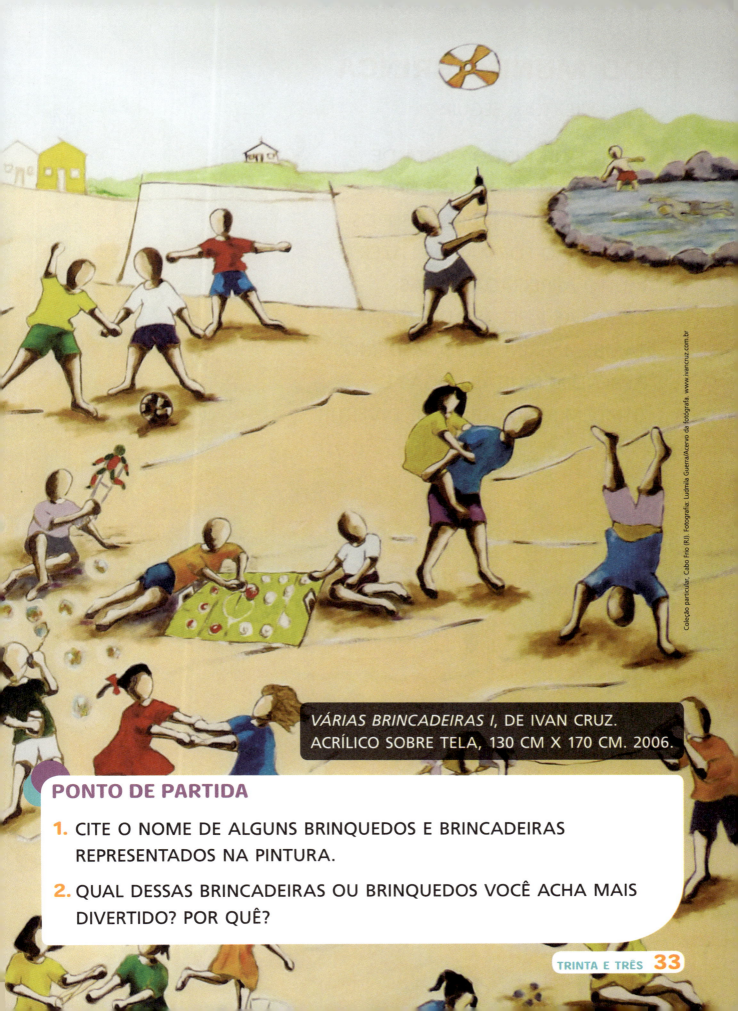

VÁRIAS BRINCADEIRAS I, DE IVAN CRUZ. ACRÍLICO SOBRE TELA, 130 CM X 170 CM. 2006.

PONTO DE PARTIDA

1. CITE O NOME DE ALGUNS BRINQUEDOS E BRINCADEIRAS REPRESENTADOS NA PINTURA.

2. QUAL DESSAS BRINCADEIRAS OU BRINQUEDOS VOCÊ ACHA MAIS DIVERTIDO? POR QUÊ?

TODO MUNDO BRINCA

LEIA O TEXTO A SEGUIR.

TODO MUNDO GOSTA DE BRINCAR, SE DISTRAIR E DAR RISADA. AS BRINCADEIRAS E OS JOGOS SÃO FORMAS DE LAZER MUITO APRECIADAS PELAS CRIANÇAS E PELOS ADULTOS TAMBÉM. BRINCANDO, PODEMOS APRENDER MUITAS COISAS E TAMBÉM RELAXAR E NOS DIVERTIR.

ALGUMAS BRINCADEIRAS REALIZAMOS SOZINHOS, SEM A COMPANHIA DOS AMIGOS. OUTRAS, SÓ PODEM ACONTECER QUANDO ESTAMOS EM GRUPO, OU NECESSITAM DE BRINQUEDOS, COMO A BOLA E A BONECA. MAS PODEMOS INVENTAR BRINCADEIRAS QUE NÃO UTILIZAM NADA ALÉM DA IMAGINAÇÃO E DA VONTADE DE BRINCAR.

[...]

APRENDENDO HISTÓRIA E GEOGRAFIA, DE CÉSAR COLL E ANA TEBEROSKY. SÃO PAULO: ÁTICA, 2000. P. 34.

AGORA, RESPONDA ÀS QUESTÕES ABAIXO COM BASE NO TEXTO E NA ILUSTRAÇÃO.

1. ALÉM DAS CRIANÇAS, QUEM MAIS GOSTA DE BRINCAR?
2. COMO PODEMOS REALIZAR AS BRINCADEIRAS?
3. CITE DOIS EXEMPLOS DE BRINCADEIRAS QUE PODEMOS REALIZAR SEM BRINQUEDOS.
4. DE ACORDO COM OS AUTORES DO TEXTO, ALÉM DE RELAXAR E NOS DIVERTIR, QUANDO BRINCAMOS PODEMOS APRENDER MUITAS COISAS. VOCÊ CONCORDA COM ELES? POR QUÊ?

BRINCAR FAZ PARTE DO COTIDIANO DE CRIANÇAS E ADULTOS. OS JOGOS E AS BRINCADEIRAS SÃO DIVERTIDOS E AJUDAM NO DESENVOLVIMENTO DAS CRIANÇAS. OBSERVE.

AS BRINCADEIRAS ESTIMULAM A IMAGINAÇÃO E A CRIATIVIDADE.

MELHORAM A CAPACIDADE DE CONCENTRAÇÃO.

AJUDAM A EXERCITAR O NOSSO CORPO.

DESENVOLVEM A CAPACIDADE DE COLABORAÇÃO.

Ilustrações: Isabela Santos

FAZENDO HISTÓRIA

MARINA BOBADILHA MACIEL DE OLIVEIRA

MARINA TEM 9 ANOS DE IDADE. ELA MORA NO MUNICÍPIO DE MAIRIPORÃ, EM SÃO PAULO. LEIA ABAIXO O QUE ELA FALA SOBRE UMA DAS BRINCADEIRAS DE QUE MAIS GOSTA DE BRINCAR COM SUA AMIGA.

[...]

"EU TENHO A MINHA MELHOR AMIGA, A TAÍS, E QUANDO EU VOU PRA CASA DELA SEMPRE LEVO PATINS, PORQUE A GENTE ADORA ANDAR DE PATINS." [...]

CRIANÇA DO DIA. DISPONÍVEL EM: <http://temas.folha.uol.com.br/crianca-do-dia/midia/quando-tiver-uma-noticia-boa-voces-me-avisam-diz-marina-de-9-anos.shtml>. ACESSO EM: 6 JUL. 2018.

PRATIQUE E APRENDA

1. DE QUE BRINCADEIRA VOCÊ GOSTA DE BRINCAR SOZINHO?

2. AGORA, DESENHE UMA BRINCADEIRA QUE VOCÊ GOSTA DE BRINCAR COM OS COLEGAS.

3. ASSOCIE CADA BRINCADEIRA À SUA LEGENDA.

A

B

◯ NO ESCONDE-ESCONDE, TEMOS DE ACHAR UM BOM LUGAR PARA NOS ESCONDERMOS.

◯ PARA BRINCAR DE AMARELINHA, É PRECISO TER MUITO EQUILÍBRIO!

MUITAS MANEIRAS DE BRINCAR

OBSERVE A SEGUIR COMO ALGUMAS CRIANÇAS COSTUMAM BRINCAR EM SEU DIA A DIA.

AS IRMÃS ROSA E MARINA ADORAM DESAFIOS. ELAS ESTÃO MONTANDO UM QUEBRA-CABEÇA COM MUITAS PEÇAS.

UMA DAS BRINCADEIRAS PREFERIDAS DE JOÃO É A MAMBA, QUE FOI ENSINADA A ELE PELOS SEUS AVÓS. A MAMBA SE PARECE COM O PEGA-PEGA.

LUZIA E SEUS AMIGOS GOSTAM DE JOGAR PETECA. A DIVERSÃO JÁ COMEÇA QUANDO SAEM PELA MATA PROCURANDO PALHA E FOLHAS PARA MONTAR O BRINQUEDO.

FLÁVIO ADORA BRINCAR COM SUA CADELA DE ESTIMAÇÃO NA PRAÇA PERTO DE SUA CASA.

PRISCILA GOSTA MUITO DE LER. UMA DE SUAS BRINCADEIRAS PREFERIDAS É IMITAR AS PERSONAGENS DOS LIVROS.

1. VOCÊ CONHECE OU PRATICA ALGUMA DESSAS BRINCADEIRAS EM SEU DIA A DIA? QUAIS?

2. QUAL É SUA BRINCADEIRA PREFERIDA? ELA FOI INVENTADA POR VOCÊ OU ALGUÉM LHE ENSINOU? COMENTE.

BRINCADEIRAS DE MENINO OU DE MENINA?

OBSERVE A TIRINHA A SEGUIR.

BRINQUEDO, DE JEAN GALVÃO. *TIROLETAS*. DISPONÍVEL EM: <TIROLETAS.WORDPRESS.COM>. ACESSO EM: 18 SET. 2017.

1. POR QUE O MENINO NÃO QUERIA BRINCAR DE CASINHA?

2. O QUE ELE RESOLVEU FAZER?

3. O QUE O MENINO VIU AO SAIR PARA JOGAR FUTEBOL? COMO ELE REAGIU?

4. EM SUA OPINIÃO, EXISTEM BRINCADEIRAS QUE SÃO SOMENTE DE MENINOS E BRINCADEIRAS QUE SÃO SOMENTE DE MENINAS? CONVERSE COM OS COLEGAS.

MENINOS E MENINAS TÊM DIFERENÇAS, MAS ISSO NÃO QUER DIZER QUE ELES NÃO PODEM BRINCAR JUNTOS. MESMO SENDO DIFERENTES ELES TÊM MUITAS COISAS EM COMUM.

NO PASSADO, COSTUMAVA-SE SEPARAR AS BRINCADEIRAS DE MENINOS E AS DE MENINAS, E ISSO ACABAVA DISTANCIANDO AS CRIANÇAS, QUE QUERIAM APENAS BRINCAR ENTRE AMIGOS. HOJE, PORÉM, MUITA COISA JÁ MUDOU. MENINOS E MENINAS PODEM BRINCAR DO QUE QUISEREM. O MAIS IMPORTANTE MESMO É SE DIVERTIR!

BRINQUEDOS DE TODOS OS TEMPOS

LEIA O TEXTO ABAIXO.

[...]

PAPAI TRABALHAVA NUMA **FERRARIA** E EM NOSSA CASA QUASE TUDO ERA DE FERRO: COLHERES DE AMASSAR FEIJÃO, TESOURAS, PANELAS, MOINHO DE CAFÉ. EU ACHAVA UMA BELEZA CASAS QUE TINHAM SOFÁ. O QUE O MEU PAI APRONTOU? FEZ UM JOGUINHO DE QUARTO E SALA PARA EU BRINCAR, SOFÁ, POLTRONAS, MESA, CADEIRINHAS, TUDO DE FERRO. [...] PARA O ALBERTO, FEZ UM **JÓQUEI** MONTADO, TAMBÉM DE FERRO [...]. QUANDO JÁ ESTÁVAMOS CRESCIDOS, O JÓQUEI MORAVA ENFIADO NO BAMBU DA CERCA, TOMAVA SOL E CHUVA E NÃO SE ESTRAGAVA.

BRINQUEDO DE FERRO É PARA TODA A VIDA.

[...]

QUANDO EU ERA PEQUENA, DE ADÉLIA PRADO. RIO DE JANEIRO: RECORD, 2006. P. 10.

FERRARIA: OFICINA OU LOJA QUE TRABALHA COM PEÇAS DE FERRO
JÓQUEI: PROFISSIONAL QUE MONTA CAVALOS DE CORRIDA

SEUS PAIS E AVÓS JÁ FORAM CRIANÇAS E TAMBÉM GOSTAVAM DE BRINCAR! NO TEXTO DA PÁGINA ANTERIOR, A AUTORA CONTA ALGUMAS RECORDAÇÕES DE SUA INFÂNCIA, POR VOLTA DOS ANOS 1950. ENTRE ESSAS RECORDAÇÕES, ELA FALA SOBRE ALGUNS BRINQUEDOS DE QUE GOSTAVA. VEJA ALGUNS BRINQUEDOS QUE ERAM COMUNS NA ÉPOCA DE NOSSOS AVÓS.

3. AGORA, MARQUE UM **X** NOS BRINQUEDOS QUE VOCÊ CONHECE.

PRATIQUE E APRENDA

1. ESCREVA A LETRA INICIAL DE CADA FIGURA PARA DESCOBRIR O NOME DE UM BRINQUEDO ANTIGO.

2. ALGUNS BRINQUEDOS ANTIGOS PASSARAM POR TRANSFORMAÇÕES, MAS AINDA SÃO MUITO CONHECIDOS. OBSERVE.

CRIANÇA BRINCANDO POR VOLTA DE 1938.

CRIANÇA BRINCANDO EM 2015.

A. MARQUE UM **X** NA IMAGEM QUE APRESENTA O BRINQUEDO MAIS ANTIGO.

B. QUAIS SÃO AS SEMELHANÇAS E AS DIFERENÇAS ENTRE OS BRINQUEDOS RETRATADOS? CONTE AOS COLEGAS.

BRINCADEIRAS DE RUA

MUITAS CRIANÇAS UTILIZAM RUAS, PARQUES E PRAÇAS PARA BRINCAR.

EXISTEM VÁRIAS BRINCADEIRAS POPULARES QUE AS CRIANÇAS CONHECEM. AS PINTURAS A SEGUIR REPRESENTAM ALGUMAS DELAS.

BURQUINHA, DE JOÃO WERNER. PINTURA DIGITAL, 29,7 CM X 42 CM. 2008.

BRIGA DE PIÕES, DE RICARDO FERRARI. ÓLEO SOBRE TELA, 60 CM X 70 CM. 2008.

AMARELINHA, DE MARILÚCIA GUILEN. GUACHE E AQUARELA SOBRE PAPEL, 20 CM X 21,5 CM. 2005.

BRINCANDO DE CIRANDA DE RODA NA ESCOLA, DE ARACY. ÓLEO SOBRE TELA, 40 CM X 50 CM. 2010.

1. VOCÊ CONHECE AS BRINCADEIRAS REPRESENTADAS NAS PINTURAS? QUAL DELAS VOCÊ ACHA MAIS DIVERTIDA?

2. AS CRIANÇAS COSTUMAM BRINCAR NOS PARQUES E NAS PRAÇAS PRÓXIMO AO LUGAR ONDE VOCÊ MORA? CONVERSE COM OS COLEGAS.

INVESTIGUE E APRENDA

BRINCAR EM DIFERENTES ÉPOCAS

SERÁ QUE AS PESSOAS SEMPRE BRINCARAM DO MESMO JEITO? CONVERSE COM UMA PESSOA MAIS VELHA SOBRE ISSO. DEPOIS, COM A AJUDA DELA, OBSERVE AS IMAGENS ABAIXO PARA RESPONDER ÀS QUESTÕES A SEGUIR.

BOLA.

PIÃO.

VIDEOGAME.

FANTOCHE.

BOLINHAS DE GUDE.

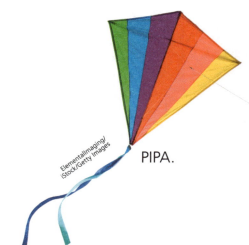
PIPA.

A. QUAIS BRINQUEDOS EXISTIAM NA ÉPOCA DE INFÂNCIA DA PESSOA COM QUEM VOCÊ CONVERSOU?

B. ENTRE ESSES BRINQUEDOS, HÁ ALGUM QUE EXISTIA NO PASSADO E QUE AINDA É UTILIZADO HOJE? QUAIS?

DEPOIS, PEÇA PARA A PESSOA COM QUEM VOCÊ CONVERSOU QUE ENSINE ALGUMA BRINCADEIRA QUE VOCÊ NÃO CONHECE. APRESENTE ESSA BRINCADEIRA AOS COLEGAS NA SALA DE AULA. ASSIM, VOCÊS PODERÃO TROCAR VÁRIAS EXPERIÊNCIAS, CONHECENDO E PARTICIPANDO DE NOVAS BRINCADEIRAS.

POR DENTRO DO TEMA

DIREITOS DAS CRIANÇAS E DOS ADOLESCENTES

AS CRIANÇAS TÊM DIREITOS!

VOCÊ SABIA QUE TODA CRIANÇA TEM O DIREITO DE BRINCAR?

ESSE DIREITO É GARANTIDO PELO **ESTATUTO DA CRIANÇA E DO ADOLESCENTE** (ECA), CRIADO EM 1990.

ALÉM DESSE DIREITO, O ECA GARANTE OUTROS, COMO O DIREITO À EDUCAÇÃO, À MORADIA, À ALIMENTAÇÃO E À SAÚDE. TUDO ISSO COM O OBJETIVO DE PROTEGER E GARANTIR O DESENVOLVIMENTO DE CRIANÇAS E ADOLESCENTES.

EDUCAÇÃO.

MORADIA.

ALIMENTAÇÃO.

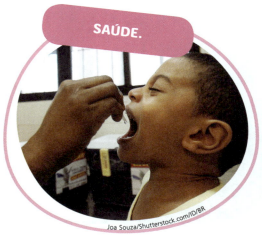
SAÚDE.

- ALÉM DOS DIREITOS CITADOS NO TEXTO, EM SUA OPINIÃO, QUAIS SÃO OS DIREITOS QUE TODA CRIANÇA DEVE TER? POR QUÊ?

AS BRINCADEIRAS E O FOLCLORE

FOLCLORE É O NOME DADO A ALGUNS ELEMENTOS POPULARES QUE FAZEM PARTE DE NOSSAS VIDAS, COMO CANÇÕES, DANÇAS, BRINCADEIRAS E HISTÓRIAS.

OBSERVE A SEGUIR ALGUNS ELEMENTOS DO FOLCLORE BRASILEIRO.

O FREVO FOI CRIADO NO ESTADO DE PERNAMBUCO. ALÉM DE SER UMA DANÇA, O FREVO É UM RITMO MUSICAL. FOTO QUE RETRATA DANÇARINO DE FREVO, EM RECIFE, PERNAMBUCO, EM 2016.

O BUMBA MEU BOI É UMA MISTURA DE DANÇA E TEATRO MUITO POPULAR EM DIFERENTES REGIÕES DO BRASIL. GRUPO DE BUMBA MEU BOI, EM CAXIAS, MARANHÃO, EM 2014.

A CULINÁRIA TAMBÉM PODE FAZER PARTE DO FOLCLORE DE UM POVO. A FEIJOADA É UM EXEMPLO BEM POPULAR.

3. VOCÊ CONHECE OUTROS ELEMENTOS DO FOLCLORE BRASILEIRO? CONTE PARA OS COLEGAS.

PRATIQUE E APRENDA

1. MUITAS LENDAS FAZEM PARTE DO FOLCLORE BRASILEIRO. ABAIXO, SÃO APRESENTADOS TRÊS PERSONAGENS DESSAS LENDAS. LIGUE CADA UM À SUA DESCRIÇÃO.

HOMEM COM APARÊNCIA DE LOBO QUE APARECE EM NOITES DE LUA CHEIA PARA ASSUSTAR AS PESSOAS.

A IARA VIVE NOS RIOS E É METADE MULHER, METADE PEIXE.

MULA QUE SOLTA FOGO NO LUGAR DA CABEÇA E PERSEGUE AS PESSOAS À NOITE.

Ilustrações: Marília Bruno

2. AS BRINCADEIRAS A SEGUIR FAZEM PARTE DO FOLCLORE BRASILEIRO. ESCREVA O NOME DE CADA UMA DAS BRINCADEIRAS UTILIZANDO AS PALAVRAS DO QUADRO ABAIXO.

> PEGA-PEGA ■ JOGAR PETECA
> PULAR CORDA ■ AMARELINHA

_____   _____

_____   _____

DIVIRTA-SE E APRENDA

BILBOQUÊ

VOCÊ JÁ CONSTRUIU UM BRINQUEDO? QUE TAL FAZER UM BILBOQUÊ? É POSSÍVEL FAZER UM COM MATERIAIS FÁCEIS DE ENCONTRAR EM CASA. VAMOS LÁ!

VOCÊ VAI PRECISAR DE:

- UMA GARRAFA PET DE DOIS LITROS
- FITA ADESIVA
- UMA FOLHA DE JORNAL
- BARBANTE
- TESOURA COM PONTAS ARREDONDADAS

AGORA SIGA OS PASSOS ABAIXO:

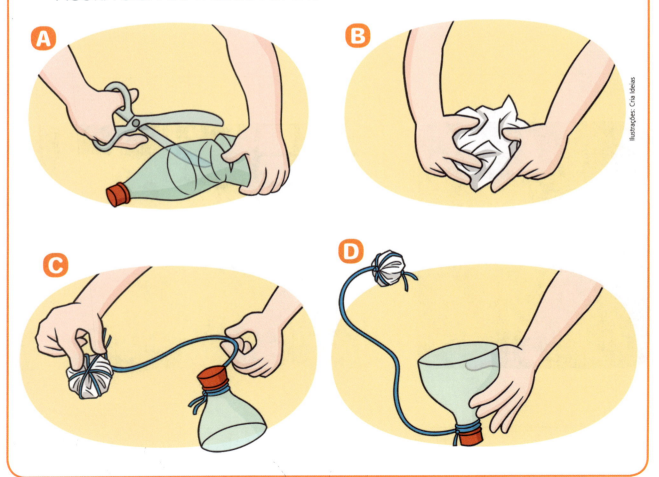

Ilustrações: Cria Ideias

PONTO DE CHEGADA

1. CONVERSE COM OS COLEGAS SOBRE A IMPORTÂNCIA DE MENINOS E MENINAS BRINCAREM JUNTOS.

2. REVISE O ASSUNTO DOS BRINQUEDOS E BRINCADEIRAS NAS PÁGINAS ANTERIORES E DESENHE NO ESPAÇO ABAIXO UM BRINQUEDO OU BRINCADEIRA QUE VOCÊ NÃO CONHECIA ANTES DE ESTUDAR ESTA UNIDADE.

3. CITE ALGUNS ELEMENTOS QUE FAZEM PARTE DO FOLCLORE BRASILEIRO.

UNIDADE 3
A MORADIA E A FAMÍLIA

FAMÍLIA SE DIVERTINDO NO QUINTAL DE SUA MORADIA.

PONTO DE PARTIDA

1. O QUE AS PESSOAS ESTÃO FAZENDO?
2. ONDE AS PESSOAS RETRATADAS ESTÃO?
3. VOCÊ COSTUMA FAZER ATIVIDADES COMO ESSA COM SUA FAMÍLIA? CONVERSE COM OS COLEGAS.

COM QUEM EU MORO

VEJA O QUE ESSAS PESSOAS CONTAM SOBRE SUA MORADIA.

"EM MINHA MORADIA, HÁ DOIS GATOS E ALGUMAS PLANTAS. MEUS PAIS E IRMÃOS MORAM EM OUTRA CIDADE."

"MINHA CASA NÃO É MUITO GRANDE. NELA, MORAM TAMBÉM MEUS TRÊS IRMÃOS, MEUS PAIS E MINHA PRIMA."

"EU MORO COM MINHA MÃE, MINHA IRMÃZINHA E MEU CACHORRO."

"EU MORO EM UM ORFANATO COM VÁRIAS CRIANÇAS E TAMBÉM COM OS ADULTOS QUE SEMPRE CUIDAM DE NÓS. ELES SÃO A MINHA FAMÍLIA."

Ilustrações: Flaper

OS NOSSOS FAMILIARES COSTUMAM SER AS PRIMEIRAS PESSOAS COM QUEM CONVIVEMOS. ESSAS PESSOAS FORMAM O GRUPO **FAMILIAR**.

PRATIQUE E APRENDA

1. QUANTAS PESSOAS VIVEM COM VOCÊ EM SUA MORADIA? ESCREVA NO ESPAÇO ABAIXO.

2. DESENHE ABAIXO AS PESSOAS QUE MORAM COM VOCÊ. SE HOUVER ANIMAIS DE ESTIMAÇÃO E PLANTAS NA SUA CASA, NÃO SE ESQUEÇA DE INCLUIR NO DESENHO.

AS FAMÍLIAS

QUANDO NASCEMOS, FAZEMOS PARTE DE UMA FAMÍLIA. MAS NEM SEMPRE AS FAMÍLIAS SÃO IGUAIS. HÁ DIFERENTES TIPOS DE FORMAÇÕES FAMILIARES. OBSERVE AS FOTOS.

AS CRIANÇAS DESSA FAMÍLIA SEGUEM OS COSTUMES DE SEU POVO, OS KAMBEBA.

ESSES DOIS IRMÃOS TÊM A MESMA IDADE, POIS SÃO GÊMEOS!

NESSA FAMÍLIA, A CRIANÇA FOI ADOTADA QUANDO ERA BEM PEQUENA.

ESSA FAMÍLIA É FORMADA POR UM CASAL SEM FILHOS.

NESSA FAMÍLIA, O CASAL JÁ TINHA FILHOS DE OUTROS CASAMENTOS, MAS TAMBÉM TIVERAM UMA FILHA JUNTOS.

NESSA FAMÍLIA, OS AVÓS MORAM COM SEUS NETOS.

Fotomontagem de Barbara Sarzi. Fotos: Família Demiscki Zammataro/Arquivo pessoal, Renato Soares/Pulsar Imagens, pixelheadphoto/iStock/Getty Images, ESB Professional, M. Business Images, prapass, litchima e artshock/Shutterstock.com/ID/BR

- SUA FAMÍLIA É PARECIDA COM ALGUMA DAS FAMÍLIAS RETRATADAS? COM QUAL DELAS?

MUITAS CRIANÇAS NÃO VIVEM COM SEUS PAIS. ALGUMAS VIVEM COM SEUS AVÓS, TIOS OU OUTROS PARENTES. HÁ TAMBÉM CRIANÇAS QUE VIVEM COM FAMÍLIAS ADOTIVAS, QUE AS ESCOLHERAM COMO FILHAS OU FILHOS.

LEIA O TEXTO.

> QUANDO UMA FAMÍLIA ADOTA UMA CRIANÇA, DEVE SE RESPONSABILIZAR INTEIRAMENTE POR ELA, PROTEGENDO E CUIDANDO DELA. A CRIANÇA PASSA A FAZER PARTE **LEGÍTIMA** DA FAMÍLIA.
>
> CONVIVENDO COM A FAMÍLIA, DE LAURA JAFFÉ. SÃO PAULO: ÁTICA, 2005. P. 17.

LEGÍTIMA: RECONHECIDA DE ACORDO COM A LEI

EXISTEM CRIANÇAS QUE NÃO PODEM VIVER COM SUA FAMÍLIA. POR ISSO, ELAS VIVEM EM ABRIGOS ENQUANTO AGUARDAM ADOÇÃO. ESSES ABRIGOS SÃO CHAMADOS **ORFANATOS**.

NOS ORFANATOS, AS CRIANÇAS RECEBEM O CUIDADO DE VÁRIOS PROFISSIONAIS, COMO EDUCADORES, ENFERMEIROS, MÉDICOS E COZINHEIROS.

FOTO QUE RETRATA CRIANÇAS EM UM ORFANATO NA CIDADE DE SÃO PAULO, EM 2013.

APRENDA MAIS!

NESSE LIVRO, O AUTOR ABORDA OS TEMAS ADOÇÃO E FAMÍLIA. ELE APRESENTA O ENCONTRO ENTRE PAIS E FILHOS, ALÉM DE VÁRIAS MANEIRAS DE FORMAR UMA FAMÍLIA.

SOMOS UM DO OUTRO, DE TODD PARR. SÃO PAULO: PANDA BOOKS, 2011.

PARA FAZER JUNTOS!

EXISTEM DIFERENTES MANEIRAS DE EXPLICAR O QUE É UMA FAMÍLIA. CONVERSE COM OS COLEGAS DE SALA A RESPEITO DA IMPORTÂNCIA DA FAMÍLIA. DEPOIS, PROCURE DIZER EM UMA PALAVRA O QUE NÃO PODE FALTAR EM UMA FAMÍLIA.

PRATIQUE E APRENDA

1. DESENHE NO ESPAÇO ABAIXO O QUE VOCÊ ACHA MAIS IMPORTANTE EM UMA FAMÍLIA.

2. ASSOCIE CADA CRIANÇA AOS MEMBROS DA FAMÍLIA DELA, DE ACORDO COM AS DESCRIÇÕES.

A  MINHA FAMÍLIA É FORMADA POR MINHA MÃE, MEU PAI, MEU IRMÃO E EU.

B  EU MORO COM MINHA MÃE.

C  MINHA FAMÍLIA É FORMADA POR MEUS AVÓS E EU.

MINHA FAMÍLIA É ASSIM

VEJA COMO É A FAMÍLIA DE BRUNO E O LUGAR ONDE ELE MORA.

BRUNO TEM 6 ANOS. ELE MORA COM SUA MÃE, SEU PAI E SEUS DOIS IRMÃOS MAIS VELHOS, O JUCA E O JORGE.

O PAI DE BRUNO SE CHAMA OLÍMPIO, E TRABALHA COMO CAMINHONEIRO. A MÃE DELE SE CHAMA VILMA. ELA É UMA COSTUREIRA MUITO CONHECIDA NA CIDADE.

BRUNO E OS IRMÃOS SE DIVERTEM MUITO BRINCANDO COM OS RETALHOS DE TECIDOS QUE A MÃE DELES NÃO USA MAIS.

BRUNO TEM UM ANIMAL DE ESTIMAÇÃO, O TEOBALDO. ELE É UM COELHO CINZA E BRANCO QUE ADORA COMER AS VERDURAS DA HORTA.

A CASA ONDE BRUNO MORA TEM UM LINDO JARDIM NA FRENTE COM MUITAS FLORES. A MÃE DE BRUNO CUIDA DAS FLORES COM CARINHO.

NOS FUNDOS FICA O QUINTAL. LÁ TEM UMA PARTE DE TERRA E VÁRIAS ÁRVORES QUE DÃO FRUTOS DURANTE O ANO INTEIRO.

NO QUINTAL TAMBÉM TEM O GALINHEIRO, ONDE SÃO CRIADAS AS GALINHAS. SEMPRE TEM OVOS PARA O CAFÉ DA MANHÃ.

PRATIQUE E APRENDA

1. MARQUE UM **X** NAS ALTERNATIVAS CORRETAS SOBRE BRUNO E SUA FAMÍLIA.

   A. COMO É O LUGAR ONDE BRUNO E SUA FAMÍLIA MORAM?

   B. QUAL É O ANIMAL DE ESTIMAÇÃO DE BRUNO?
   ( ) COELHO.   ( ) CACHORRO.

   C. COMO SE CHAMA O ANIMAL DE ESTIMAÇÃO DE BRUNO?
   ( ) BORIS.   ( ) TEOBALDO.

   D. A FAMÍLIA DE BRUNO É FORMADA POR QUANTAS PESSOAS?
   ( ) 3   ( ) 4   ( ) 5

2. LIGUE OS PAIS DE BRUNO ATÉ AS ATIVIDADES DESENVOLVIDAS POR ELES.

OS PARENTES

ALÉM DOS PAIS E IRMÃOS, OUTRAS PESSOAS FAZEM PARTE DE UMA FAMÍLIA, COMO AVÓS, BISAVÓS, TIOS E PRIMOS. ESSAS PESSOAS SÃO CHAMADAS **PARENTES**.

- CITE O NOME DE ALGUNS DE SEUS PARENTES.

OS PAIS DE SEUS AVÓS SÃO SEUS BISAVÓS, E OS PAIS DE SEUS BISAVÓS SÃO SEUS TATARAVÓS. PODEMOS CONTINUAR ATÉ CHEGAR AOS PARENTES MAIS DISTANTES.

PRATIQUE E APRENDA

1. ESCREVA NO DIAGRAMA AS RESPOSTAS DAS PERGUNTAS A SEGUIR. SE PRECISAR, PESQUISE OS NOMES NO QUADRO DE PALAVRAS ABAIXO.

A. O QUE A MÃE DO MEU PAI É MINHA?

B. O QUE O FILHO DA MINHA TIA É MEU?

C. O QUE O IRMÃO DA MINHA MÃE É MEU?

D. O QUE O PAI DO MEU AVÔ É MEU?

3 LETRAS	5 LETRAS	6 LETRAS
PAI	IRMÃO	BISAVÓ
TIO	PRIMO	BISAVÔ
AVÓ	SOGRA	

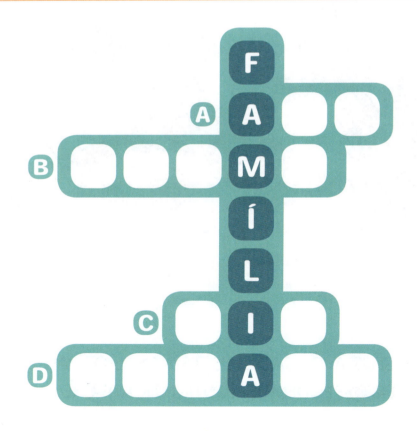

A HISTÓRIA DA FAMÍLIA

NA FAMÍLIA DA JÉSSICA, A TIA SOFIA TEM UMA CAIXA CHEIA DE FOTOS, OBJETOS E DOCUMENTOS ANTIGOS DOS SEUS ANTEPASSADOS.

A TIA SOFIA SEMPRE MOSTRA O CONTEÚDO DA CAIXA PARA JÉSSICA E CONTA HISTÓRIAS SOBRE ELE.

JÉSSICA NÃO CONHECEU PESSOALMENTE TODOS ESSES PARENTES. MESMO ASSIM, ELA ADORA OUVIR ESSAS HISTÓRIAS. DESSE MODO, ELA CONHECE MAIS SOBRE SUA FAMÍLIA E SOBRE SUA PRÓPRIA HISTÓRIA.

JÉSSICA FICOU TÃO ANIMADA PARA CONHECER A HISTÓRIA DE SEUS ANTEPASSADOS QUE DECIDIU FAZER UMA PESQUISA.

ELA OBSERVOU FOTOS, OBJETOS E DOCUMENTOS, OUVIU HISTÓRIAS E ENTREVISTOU VÁRIOS PARENTES. DEPOIS, ANOTOU TODAS AS INFORMAÇÕES.

JÉSSICA SE SURPREENDEU COM ALGUMAS DESCOBERTAS SOBRE A HISTÓRIA DE SUA FAMÍLIA. OBSERVE.

ELA DESCOBRIU QUE SEU AVÔ PATERNO VEIO DA ESPANHA. ELE CONHECEU SUA AVÓ NO BRASIL E SE CASARAM QUANDO AINDA ERAM BEM JOVENS.

ASSIM COMO JÉSSICA, SUA AVÓ MATERNA ADORAVA DANÇAR.

A AVÓ PATERNA ERA PROFESSORA E JÁ ENSINAVA OUTRAS CRIANÇAS DESDE PEQUENA. NO LUGAR ONDE ELA MORAVA NÃO TINHA ESCOLA E AS CRIANÇAS IAM PARA A CASA DELA ESTUDAR.

PRATIQUE E APRENDA

1. MARQUE UM **X** NOS MEIOS QUE JÉSSICA UTILIZOU PARA CONHECER A HISTÓRIA DE SEUS ANTEPASSADOS.

○ CONVERSA COM FAMILIARES.

○ OBJETOS.

○ INFORMAÇÕES NA INTERNET.

○ DOCUMENTOS.

○ FOTOS.

○ LIVROS.

2. O QUE JÉSSICA DESCOBRIU SOBRE SUA FAMÍLIA? MARQUE UM **X** NA RESPOSTA CORRETA.

○ SUA AVÓ MATERNA ADORAVA DANÇAR.

○ SEU AVÔ PATERNO VEIO DE PORTUGAL.

3. CONVERSE COM SEUS PAIS OU RESPONSÁVEIS SOBRE HISTÓRIAS OU CURIOSIDADES DE SUA FAMÍLIA. DEPOIS, CONTE AOS COLEGAS.

Isabela Santos

4. CONSTRUIR UM DIAGRAMA GENEALÓGICO É TAMBÉM UM JEITO DE CONHECERMOS OS FAMILIARES QUE VIVERAM ANTES DE NÓS. VEJA ABAIXO O DIAGRAMA GENEALÓGICO DA JÚLIA.

- AGORA, MONTE O DIAGRAMA GENEALÓGICO DE SUA FAMÍLIA NA PÁGINA SEGUINTE. UTILIZE O MODELO ACIMA.

FAZENDO HISTÓRIA

MESTRE DIDI

MESTRE DIDI FOI UM IMPORTANTE LÍDER RELIGIOSO E ARTISTA PLÁSTICO BRASILEIRO. ELE TAMBÉM ERA ESCRITOR E REGISTROU MUITAS HISTÓRIAS TRADICIONAIS DE SEUS FAMILIARES E ANTEPASSADOS.

SUAS OBRAS SÃO MUITO IMPORTANTES PORQUE PRESERVAM E VALORIZAM A MEMÓRIA DE SEUS ANTEPASSADOS AFRICANOS E AFRO-BRASILEIROS.

MESTRE DIDI EM CONFERÊNCIA SOBRE CULTURA AFRICANA, EM SALVADOR, BAHIA, EM 2006.

AS FAMÍLIAS E SUAS MORADIAS

AS MORADIAS SÃO O PRINCIPAL ESPAÇO DE CONVIVÊNCIA DAS FAMÍLIAS.

ASSIM COMO AS FAMÍLIAS, AS MORADIAS SÃO DIFERENTES UMAS DAS OUTRAS. ELAS PODEM VARIAR NA COR, NO TAMANHO, NA LOCALIZAÇÃO E NOS MATERIAIS UTILIZADOS EM SUA CONSTRUÇÃO, POR EXEMPLO.

OBSERVE.

A CASA DE MADEIRA.

B PRÉDIO.

C MORADIA NA ALDEIA DOS INDÍGENAS TATUYOS.

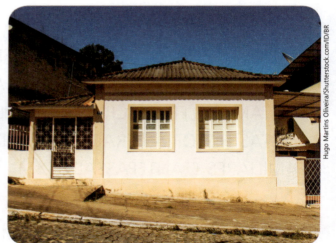

D CASA DE ALVENARIA.

MORADIA RIBEIRINHA.

CASA DE PAU A PIQUE.

1. COM QUAL DAS FOTOS SUA MORADIA MAIS SE PARECE?

2. DESENHE SUA MORADIA NO ESPAÇO ABAIXO.

O MODO DE VIDA DAS PESSOAS E SUAS MORADIAS

MUITAS MORADIAS COSTUMAM SER CONSTRUÍDAS DE ACORDO COM O MODO DE VIDA E A ORIGEM DE SEUS MORADORES. OBSERVE AS FOTOS A SEGUIR.

MORADIA TRADICIONAL DO POVO YAWALAPITI, LOCALIZADA NO PARQUE INDÍGENA DO XINGU, EM GAÚCHA DO NORTE, MATO GROSSO. FOTO DE 2012.

MORADIA CONSTRUÍDA POR FAMÍLIA DE ORIGEM ALEMÃ, EM POMERODE, SANTA CATARINA. FOTO DE 2012.

- VOCÊ CONHECE OU JÁ VIU ALGUMA MORADIA SEMELHANTE ÀS QUE FORAM APRESENTADAS? COMO ELA É?

EU AJUDO MINHA FAMÍLIA

LEIA A HISTÓRIA EM QUADRINHOS A SEGUIR.

ARRUMANDO A BAGUNÇA

PRATIQUE E APRENDA

1. SOBRE A HISTÓRIA EM QUADRINHOS DAS PÁGINAS **77** E **78**, RESPONDA:

A. QUAL FOI O BRINQUEDO QUE MARIANA MOSTROU PARA DUDA?

_____

B. POR QUE AS MENINAS DECIDIRAM ARRUMAR A BAGUNÇA DO QUARTO? MARQUE UM **X** NA ALTERNATIVA CORRETA.

◯ PORQUE ELAS QUERIAM ENCONTRAR A BONECA E CONTINUAR BRINCANDO.

◯ PORQUE NA FAMÍLIA DE MARIANA TODOS AJUDAM A MANTER O AMBIENTE LIMPO E ORGANIZADO.

2. LIGUE OS BRINQUEDOS AO LUGAR ONDE ELES DEVEM SER GUARDADOS.

DIVIRTA-SE E APRENDA

CAIXAS DE BRINQUEDOS

UMA DAS MANEIRAS DE MANTER O QUARTO ARRUMADO É ORGANIZANDO OS BRINQUEDOS EM CAIXAS. VAMOS FAZER CAIXAS PARA ORGANIZAR SEUS BRINQUEDOS!

SIGA AS ETAPAS:

A. PEÇA A UM ADULTO QUE AJUDE VOCÊ A ENCONTRAR CAIXAS DE TAMANHOS VARIADOS.

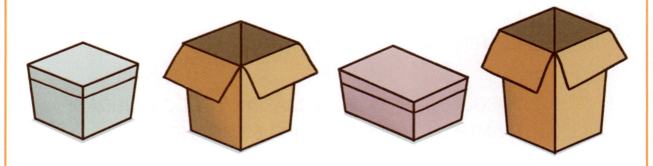

B. SEPARE SEUS BRINQUEDOS POR TIPO, POR EXEMPLO, CARRINHOS, BLOCOS DE MONTAR, BONECAS, BOLAS, JOGOS DE TABULEIRO, ENTRE OUTROS.

C. ESCREVA EM CADA CAIXA O TIPO DE BRINQUEDO QUE VOCÊ VAI GUARDAR NELA.

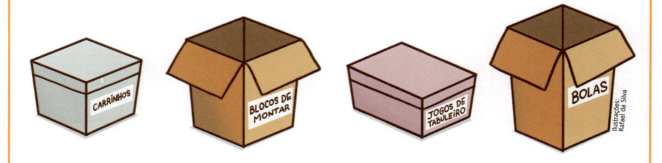

Ilustrações: Rafael da Silva

D. SEMPRE QUE VOCÊ TERMINAR DE BRINCAR, GUARDE CADA BRINQUEDO EM SUA CAIXA.

FESTA EM FAMÍLIA

OS FAMILIARES COSTUMAM SE REUNIR PARA FESTAS E COMEMORAÇÕES EM DATAS CONSIDERADAS IMPORTANTES.

OBSERVE.

MUITAS PESSOAS COMEMORAM A CHEGADA DO NOVO ANO AO AR LIVRE, PARA VER OS FOGOS DE ARTIFÍCIO À NOITE. COMEMORAÇÃO DE ANO-NOVO NA CIDADE DO RIO DE JANEIRO, EM 2015.

É COMUM QUE AS PESSOAS SE REÚNAM PARA COMEMORAR O ANIVERSÁRIO DE ALGUM FAMILIAR. FOTO DE FESTA DE ANIVERSÁRIO EM UMA ALDEIA DO POVO GUARANI KAIOWÁ, NO MUNICÍPIO DE AMAMBAI, MATO GROSSO DO SUL, EM 2012.

POR DENTRO DO TEMA

DIVERSIDADE CULTURAL

O QUARUP

ALGUNS POVOS INDÍGENAS QUE VIVEM NO BRASIL REALIZAM UMA GRANDE FESTA CHAMADA *QUARUP*.

UMA VEZ POR ANO, ESSA FESTA REÚNE INDÍGENAS DE DIFERENTES POVOS PARA HOMENAGEAR OS FAMILIARES QUE JÁ MORRERAM.

INDÍGENAS WAUJAS DURANTE PESCA DE PEIXES PARA A COMEMORAÇÃO DO *QUARUP*. ALDEIA PYULAGA, GAÚCHA DO NORTE, MATO GROSSO, EM 2016.

DURANTE O *QUARUP*, HOMENS, MULHERES E CRIANÇAS DANÇAM E CANTAM PARA HOMENAGEAR AS PESSOAS QUERIDAS. GAÚCHA DO NORTE, MATO GROSSO, EM 2013.

- VOCÊ CONHECE OUTROS ELEMENTOS DA CULTURA INDÍGENA? QUAIS?

FESTAS E COMEMORAÇÕES NO PASSADO

MUITAS FESTAS E COMEMORAÇÕES EXISTEM HÁ BASTANTE TEMPO. ASSIM, ELAS ACABARAM SE TORNANDO TRADIÇÕES PARA DIVERSAS FAMÍLIAS.

OBSERVE ALGUMAS FOTOS DE FESTAS NO PASSADO.

PESSOAS PARTICIPANDO DE FESTA JUNINA, ESTADO DO PARANÁ, EM 1961.

COMEMORAÇÃO DE FAMÍLIA DE **IMIGRANTES** JAPONESES NO MUNICÍPIO DE SÃO PAULO, EM 1958.

IMIGRANTES: PESSOAS QUE NASCERAM EM UM PAÍS E PASSARAM A VIVER E MORAR EM OUTRO

PRATIQUE E APRENDA

1. DESENHE UMA FESTA QUE VOCÊ COSTUMA COMEMORAR NA ESCOLA.

2. DESENHE UMA FESTA QUE VOCÊ COSTUMA COMEMORAR EM FAMÍLIA.

PONTO DE CHEGADA

1. CIRCULE NO DIAGRAMA OS MEMBROS DE UMA FAMÍLIA ESCRITOS NO QUADRO ABAIXO.

PRIMO • TIA • AVÓ • BISAVÓ

C	É	U	O	P	R	I	M	O	I	X	E
A	V	Ó	T	E	S	O	U	R	A	E	L
E	S	C	A	D	A	T	I	A	M	A	R
A	D	O	Z	E	T	B	I	S	A	V	Ó

2. FAÇA UM DESENHO PARA MOSTRAR DE QUE MANEIRA VOCÊ COSTUMA AJUDAR SUA FAMÍLIA NA ORGANIZAÇÃO DA CASA.

UNIDADE 4 A ESCOLA

CRIANÇAS DECLAMANDO POEMAS EM ESCOLA NO MUNICÍPIO DE SÃO PAULO, EM 2016.

PONTO DE PARTIDA

1. O QUE AS CRIANÇAS DA FOTO ESTÃO FAZENDO?
2. QUAIS ATIVIDADES VOCÊ COSTUMA FAZER NA ESCOLA? COMENTE COM OS COLEGAS.

A ESCOLA ONDE EU ESTUDO

ALÉM DE NOSSA FAMÍLIA, CONVIVEMOS COM AS PESSOAS DA ESCOLA.

OBSERVE NA ILUSTRAÇÃO COMO AS PESSOAS CONVIVEM, CONVERSAM, TROCAM IDEIAS E INFORMAÇÕES.

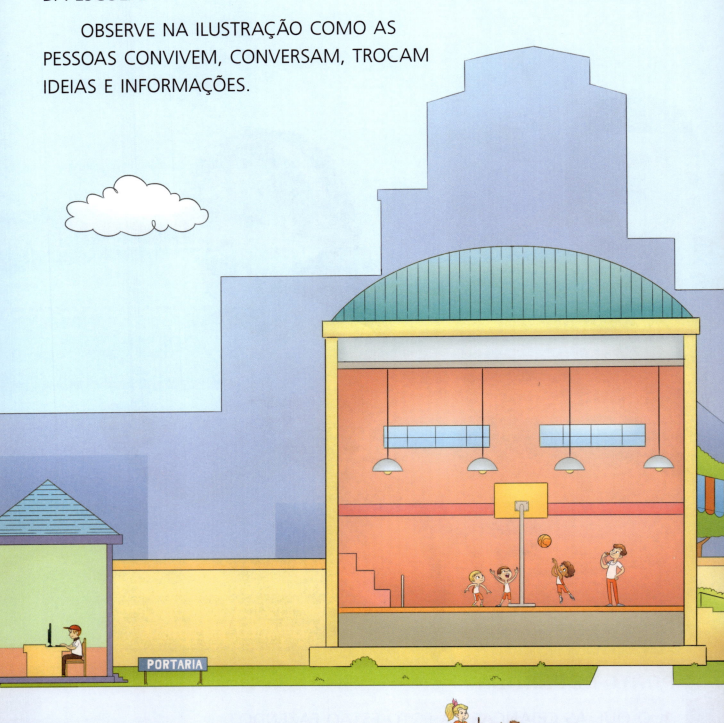

DIFERENTES ESCOLAS

EXISTEM VÁRIAS ESCOLAS NO BRASIL. CADA UMA DELAS PODE SER MUITO DIFERENTE DAS OUTRAS. OBSERVE.

SENHOR NÉLSON ENSINANDO AS CRIANÇAS DA ESCOLA A CULTIVAREM A HORTA.

ROSA ESTUDA NA ESCOLA DO BAIRRO ONDE MORA. LÁ, OS ALUNOS APRENDEM A CULTIVAR DIVERSOS ALIMENTOS. QUANDO ESTÃO PRONTOS PARA O CONSUMO, OS ALIMENTOS CULTIVADOS SÃO UTILIZADOS PARA PREPARAR A MERENDA.

OS MORADORES DO BAIRRO TAMBÉM PARTICIPAM DO DIA A DIA DA ESCOLA. JUNTAMENTE COM OS PROFESSORES E OS ALUNOS, OS FAMILIARES CONTRIBUEM PARA O DESENVOLVIMENTO DE DIVERSAS ATIVIDADES. QUEM ENSINA AS CRIANÇAS A CULTIVAREM A HORTA, POR EXEMPLO, É O SENHOR NÉLSON, AVÔ DE ROSA.

JÁ NA ESCOLA ONDE JOÃO ESTUDA, EM UMA COMUNIDADE QUILOMBOLA, ELE E SEUS AMIGOS APRENDEM MUITAS HISTÓRIAS SOBRE SEUS ANTEPASSADOS.

NA ESCOLA, JOÃO APRENDE A VALORIZAR SEUS ANTEPASSADOS ENQUANTO CONHECE MAIS SOBRE A CULTURA AFRICANA.

SALA DE AULA EM UMA ESCOLA DE UMA COMUNIDADE QUILOMBOLA.

A ESCOLA ONDE CRISTINA ESTUDA FICA NA ALDEIA. LÁ, ALÉM DE ESTUDAR DISCIPLINAS, COMO MATEMÁTICA E HISTÓRIA, ELA APRENDE A LER E A ESCREVER EM LÍNGUA PORTUGUESA E NA LÍNGUA DO SEU POVO, OS KARAJÁ.

COMUNIDADE QUILOMBOLA: GRUPO DE PESSOAS QUE OCUPAM TERRITÓRIOS ANTES CONHECIDOS COMO QUILOMBOS

NA ESCOLA DE CRISTINA, AS TRADIÇÕES CULTURAIS INDÍGENAS SÃO BASTANTE VALORIZADAS. OS PERÍODOS DE AULA RESPEITAM O CALENDÁRIO DE SEU POVO. ASSIM, ELES NÃO INTERFEREM QUANDO HÁ EVENTOS, COMO AS FESTAS TRADICIONAIS NA ALDEIA.

SALA DE AULA EM UMA ESCOLA DE UMA ALDEIA INDÍGENA.

JOÉLSON ESTUDA EM UMA ESCOLA RURAL, QUE FICA NA FAZENDA ONDE SEU PAI TRABALHA. LÁ, A MAIORIA DAS ATIVIDADES SÃO PROPOSTAS PENSANDO NO DIA A DIA DE QUEM VIVE NO CAMPO.

MUITAS AULAS SÃO DADAS EM CONTATO COM A NATUREZA, EM MEIO ÀS PLANTAÇÕES E AOS ANIMAIS. ALÉM DISSO, A ESCOLA DE JOÉLSON TEM UM LABORATÓRIO DE INFORMÁTICA, ONDE OS ALUNOS PODEM ACESSAR A INTERNET.

LABORATÓRIO DE INFORMÁTICA EM UMA ESCOLA RURAL.

- EM QUE SUA ESCOLA É PARECIDA COM ESSAS ESCOLAS? EM QUE ELA É DIFERENTE?

PARA FAZER JUNTOS!

FORMEM GRUPOS E CONVERSEM SOBRE AS SEGUINTES QUESTÕES:

- COMO É O DIA A DIA EM SUA ESCOLA?
- HÁ ALGO NESSE COTIDIANO ESCOLAR QUE VOCÊS GOSTARIAM QUE MUDASSE? O QUÊ?
- COMO ESSA MUDANÇA PODERIA OCORRER?

DEPOIS, CADA GRUPO DEVE PRODUZIR UMA LISTA COM AS PRINCIPAIS IDEIAS DISCUTIDAS.

AO FINAL, APRESENTEM A LISTA PARA O PROFESSOR E OS COLEGAS DE SALA.

TECNOLOGIAS NA ESCOLA

EM MUITAS ESCOLAS, ALUNOS E PROFESSORES USAM RECURSOS TECNOLÓGICOS PARA AJUDAR NA REALIZAÇÃO DAS AULAS, COMO COMPUTADORES, CELULARES E *TABLETS*.

CRIANÇAS UTILIZANDO *TABLETS* EM SALA DE AULA, NA CIDADE DE SÃO PAULO, EM 2013.

COM ISSO, MUITOS ALUNOS APRENDEM A UTILIZAR OS RECURSOS TECNOLÓGICOS DE FORMA CONSCIENTE, REALIZANDO PESQUISAS, ELABORANDO E DIVULGANDO TRABALHOS, POR EXEMPLO.

ALÉM DISSO, A TECNOLOGIA NA ESCOLA FACILITA A COMUNICAÇÃO ENTRE FUNCIONÁRIOS DA ESCOLA, PAIS E ALUNOS.

- COMO A TECNOLOGIA ESTÁ PRESENTE EM SEU DIA A DIA NA ESCOLA?

PRATIQUE E APRENDA

1. COMPLETE AS FRASES COM OS TERMOS DO QUADRO ABAIXO.

> FESTAS TRADICIONAIS ▪ ESCOLA RURAL
> COMUNIDADE QUILOMBOLA ▪ PARTICIPAÇÃO

A. A ESCOLA DE JOÃO ESTÁ LOCALIZADA EM UMA _____

_____. LÁ, ELE APRENDE SOBRE A CULTURA DE SEUS ANTEPASSADOS AFRICANOS.

B. NA ESCOLA DE ROSA, HÁ _____ DOS MORADORES DO BAIRRO, QUE DESENVOLVEM DIVERSAS ATIVIDADES.

C. NA ESCOLA ONDE CRISTINA ESTUDA, AS AULAS SÃO SUSPENSAS QUANDO HÁ _____ NA ALDEIA.

D. A _____ ONDE JOÉLSON ESTUDA POSSUI UM LABORATÓRIO DE INFORMÁTICA, E OS ALUNOS PODEM TER ACESSO À INTERNET.

2. SIGA AS SETAS DO QUADRO ABAIXO PARA FORMAR A PALAVRA QUE COMPLETA A FRASE.

E → S → C → O → L → A → S

AS _____ SÃO DIFERENTES.

NOVENTA E CINCO **95**

3. QUAL A CARACTERÍSTICA DA ESCOLA ONDE VOCÊ ESTUDA DE QUE VOCÊ MAIS GOSTA? CONVERSE COM OS COLEGAS.

4. AGORA, DESENHE A CARACTERÍSTICA QUE VOCÊ ESCOLHEU NA QUESTÃO ANTERIOR. DEPOIS, MOSTRE SEU DESENHO AOS COLEGAS.

O DIREITO À ESCOLA ACESSÍVEL

REALIZAR ALGUMAS TAREFAS EM UM AMBIENTE ESCOLAR IMPRÓPRIO PODE SER DIFÍCIL PARA PESSOAS COM DEFICIÊNCIA. ALGUÉM QUE USE CADEIRA DE RODAS, POR EXEMPLO, PODE TER PROBLEMAS PARA SE LOCOMOVER EM LUGARES COM PORTAS ESTREITAS. JÁ UMA PESSOA CEGA PODE TER DIFICULDADE PARA CAMINHAR EM ESPAÇOS SEM O PISO TÁTIL.

O PISO TÁTIL É MUITO IMPORTANTE PARA AJUDAR AS PESSOAS CEGAS A SE DIRECIONAREM. FOTO DE CALÇADA COM PISO TÁTIL, EM GAROPABA, SANTA CATARINA, EM 2015.

VEJA A SEGUIR O QUE CAIO PRECISA PARA SE LOCOMOVER MELHOR.

PRATIQUE E APRENDA

1. INFELIZMENTE, NEM TODAS AS ESCOLAS APRESENTAM PONTOS DE ACESSIBILIDADE EM SUAS DEPENDÊNCIAS. OBSERVE NA ILUSTRAÇÃO ABAIXO ALGUNS PONTOS DE ACESSIBILIDADE.

- AGORA, RELACIONE CADA PONTO DE ACESSIBILIDADE À SUA DESCRIÇÃO CORRESPONDENTE.

( ) RAMPAS DE ACESSO PARA PESSOAS EM CADEIRA DE RODAS COM PISO ANTIDERRAPANTE.

( ) CALÇADA REBAIXADA.

( ) PORTAS AMPLAS COM LARGURAS ADEQUADAS.

( ) PISO TÁTIL LIVRE DE OBSTÁCULOS.

( ) PLACAS EM BRAILLE NA ALTURA DAS MÃOS.

DIVIRTA-SE E APRENDA
MENSAGEM ENIGMÁTICA

A ESCOLA ONDE VOCÊ ESTUDA ESTÁ PREPARADA PARA RECEBER PESSOAS COM ALGUM TIPO DE DEFICIÊNCIA?

SUBSTITUA OS SÍMBOLOS PELA LETRA INICIAL DE CADA FIGURA PARA COMPLETAR A FRASE ABAIXO E DECIFRAR A MENSAGEM.

BRINCADEIRAS E CONVIVÊNCIA NA ESCOLA

NA ESCOLA, OS ALUNOS ESTUDAM, PRATICAM ESPORTES E TAMBÉM BRINCAM. OBSERVE AS FOTOS.

 ALUNOS BRINCAM EM ESCOLA, NO MUNICÍPIO DE SÃO PAULO, EM 2012.

ALUNOS SE DIVERTEM NO PARQUE DE ESCOLA, EM REDENTORA, RIO GRANDE DO SUL, EM 2014.

 ALUNOS BRINCAM NA ÁREA EXTERNA DA ESCOLA, EM TUCUMÃ, PARÁ, EM 2016.

PRATIQUE E APRENDA

1. QUAIS SÃO OS NOMES DAS BRINCADEIRAS RETRATADAS NAS FOTOS DA PÁGINA ANTERIOR? MARQUE UM **X** NAS ALTERNATIVAS CORRETAS.

◯ PULAR CORDA.

◯ FUTEBOL.

◯ ESCONDE-ESCONDE.

◯ BRINCAR NO GIRA-GIRA.

2. DESENHE UMA BRINCADEIRA QUE VOCÊ COSTUMA REALIZAR NA ESCOLA.

A RELAÇÃO COM OS COLEGAS DA ESCOLA

ÀS VEZES, ACONTECEM SITUAÇÕES DE BRIGA E DE DESENTENDIMENTO ENTRE OS ALUNOS NA ESCOLA.

LEIA O TEXTO.

> [...]
>
> DE VEZ EM QUANDO RODRIGO BRIGAVA COM SEUS AMIGOS — PRINCIPALMENTE COM O RICARDO, QUE SEMPRE QUERIA ESCOLHER A BRINCADEIRA OU OS BRINQUEDOS. ELES DISCUTIAM SOBRE QUALQUER COISA! MAS, NO FINAL, SEMPRE ACABAVAM FAZENDO AS PAZES E BRINCANDO JUNTOS. BRIGAS ENTRE AMIGOS SÃO LOGO ESQUECIDAS.
>
> [...]
>
> *AMIZADE*: DOS VELHOS AMIGOS AOS NOVOS AMIGOS, DE NÚRIA ROCA. SÃO PAULO: CARAMELO, 2003. P. 10.

1. POR QUE RODRIGO BRIGAVA COM RICARDO DE VEZ EM QUANDO?

2. POR QUE, NO FINAL, ELES SEMPRE ACABAVAM FAZENDO AS PAZES E BRINCANDO JUNTOS?

OS PROFESSORES

OS PROFESSORES SÃO AS PESSOAS RESPONSÁVEIS POR ENSINAR OS ALUNOS NA ESCOLA.

OBSERVE AS ILUSTRAÇÕES.

A

PROFESSORA DE GEOGRAFIA.

B

PROFESSORA DE MÚSICA.

C

PROFESSOR DE EDUCAÇÃO FÍSICA.

D

PROFESSOR DE CIÊNCIAS.

3. O QUE OS PROFESSORES QUE APARECEM NAS ILUSTRAÇÕES ESTÃO FAZENDO?

PRATIQUE E APRENDA

1. OBSERVE AS FOTOS A SEGUIR.

QUAIS PROFESSORES FORAM RETRATADOS NAS FOTOS ACIMA? ANOTE AS LETRAS CORRESPONDENTES.

◯ PROFESSOR DE MATEMÁTICA.

◯ PROFESSORA DE EDUCAÇÃO FÍSICA.

◯ PROFESSORA DE ARTE.

◯ PROFESSORA DE MÚSICA.

PARA A ESCOLA FUNCIONAR BEM

ALÉM DOS PROFESSORES, OUTROS FUNCIONÁRIOS SÃO RESPONSÁVEIS PELO BOM FUNCIONAMENTO DA ESCOLA.

OBSERVE AS ILUSTRAÇÕES.

ZELADOR.

DIRETOR.

BIBLIOTECÁRIA.

PORTEIRO.

COZINHEIRA.

1. MARQUE UM X NAS ALTERNATIVAS CORRETAS.

A. O FUNCIONÁRIO RESPONSÁVEL PELO PREPARO DOS ALIMENTOS DAS PESSOAS NA ESCOLA É O:

◯ BIBLIOTECÁRIO. ◯ COZINHEIRO.

◯ DIRETOR.

B. O FUNCIONÁRIO RESPONSÁVEL PELO CUIDADO COM OS LIVROS DA BIBLIOTECA É O:

◯ ZELADOR. ◯ BIBLIOTECÁRIO.

◯ PORTEIRO.

C. O FUNCIONÁRIO RESPONSÁVEL POR ADMINISTRAR A ESCOLA É O:

◯ DIRETOR. ◯ COZINHEIRO.

COMEMORAÇÕES NA ESCOLA

A ESCOLA TAMBÉM É UM ESPAÇO ONDE OCORREM DIVERSAS FESTAS E COMEMORAÇÕES. OBSERVE AS FOTOS.

A FESTA JUNINA É UMA DAS FESTAS MAIS POPULARES DO BRASIL. ESSA FESTA HOMENAGEIA ALGUNS SANTOS DA IGREJA CATÓLICA, COMO SÃO JOÃO. FOTO DE FESTA JUNINA, EM SÃO LUIZ DO PARAITINGA, SÃO PAULO, EM 2014.

O DIA DA CONSCIÊNCIA NEGRA É COMEMORADO EM 20 DE NOVEMBRO. NESSE DIA, COSTUMA-SE CELEBRAR A CULTURA AFRO-BRASILEIRA. FOTO DE COMEMORAÇÃO DO DIA DA CONSCIÊNCIA NEGRA EM UMA ESCOLA, EM ARARUAMA, RIO DE JANEIRO, EM 2015.

A ESCOLA EM OUTROS TEMPOS

OBSERVE AS FOTOS A SEGUIR. ELAS RETRATAM ASPECTOS DO DIA A DIA NAS ESCOLAS NA ÉPOCA DE SEUS AVÓS.

CRIANÇAS ESTUDANDO EM SALA DE AULA, EM 1962.

ALUNOS FAZENDO TRABALHO EM GRUPO NA ESCOLA, EM 1962.

C

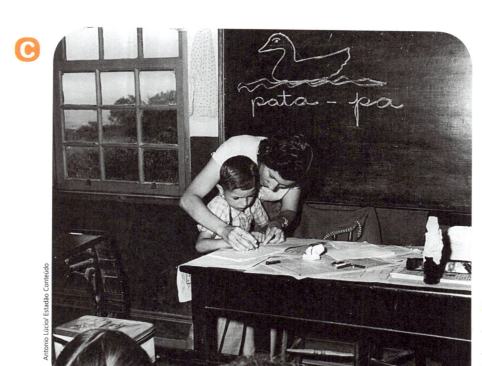

PROFESSORA AJUDANDO ALUNO A FAZER A LIÇÃO, EM 1957.

D

ALUNOS BRINCANDO NO RECREIO, EM 1950.

💬 **1.** QUAL DAS FOTOS É A MAIS ANTIGA?

💬 **2.** ESSAS SITUAÇÕES TAMBÉM ACONTECEM EM SEU DIA A DIA NA ESCOLA? QUAIS?

PRATIQUE E APRENDA

1. ESCREVA O NOME DOS OBJETOS UTILIZADOS NA ESCOLA PELOS ALUNOS NO PASSADO.

UTILIZE AS PALAVRAS DO QUADRO ABAIXO.

LANCHEIRA ▪ RÉGUA ▪ CADERNO

_____   _____

_____

2. QUAIS DOS MATERIAIS RETRATADOS ACIMA VOCÊ COSTUMA USAR NO DIA A DIA DA ESCOLA? CONTE PARA OS COLEGAS.

INVESTIGUE E APRENDA

ESTUDAR EM OUTRAS ÉPOCAS

ESTUDAR EM OUTRAS ÉPOCAS PODIA SER BEM DIFERENTE! VAMOS INVESTIGAR?

CONVERSE COM UM ADULTO DE SUA FAMÍLIA E PROCURE SABER COMO ERA O DIA A DIA DESSA PESSOA NA ESCOLA. VOCÊ PODE FAZER AS SEGUINTES PERGUNTAS:

A. QUAL SEU NOME COMPLETO E IDADE?

B. EM QUE ÉPOCA VOCÊ FREQUENTOU A ESCOLA?

C. AS SALAS DE AULA E OS MATERIAS ESCOLARES ERAM MUITO DIFERENTES DOS DE HOJE EM DIA?

D. COMO ERA A RELAÇÃO ENTRE ALUNOS E PROFESSORES?

E. QUAL É A MELHOR LEMBRANÇA QUE VOCÊ POSSUI DA ÉPOCA QUE FREQUENTOU A ESCOLA?

PONTO DE CHEGADA

1. CITE UM RECURSO TECNOLÓGICO QUE VOCÊ UTILIZA NA ESCOLA.

2. CITE UM PONTO DE ACESSIBILIDADE QUE EXISTE NA ESCOLA ONDE VOCÊ ESTUDA.

3. CONVERSE COM OS COLEGAS SOBRE A IMPORTÂNCIA DO RESPEITO NA CONVIVÊNCIA ESCOLAR.

BIBLIOGRAFIA

BASACCHI, Mario. *Origem das datas comemorativas*. São Paulo: Paulinas, 2000.

BAUSSIER, Sylvie. *Pequena história do tempo*. Tradução de Pauline Alphen. São Paulo: SM, 2005. (Pequenas histórias dos homens).

BELINKY, Tatiana. *Ser criança*. São Paulo: Companhia das Letrinhas, 2013.

BORGES, Vavy Pacheco. *O que é História*. São Paulo: Brasiliense, 1981.

BOSCHI, Caio César. *Por que estudar História?* São Paulo: Ática, 2007.

BOULET, Gwenaelle; DIOCHET, Nathalie; FOURNIER, Martine; RUFFAULT, Charlotte. *Convivendo com meninas e meninos*. São Paulo: Ática, 2005. (Guia da criança cidadã).

BRAS, Luiz. *Dias incríveis*. Ilustrações de Teodoro Adorno. São Paulo: Callis, 2006.

COLL, César; TEBEROSKY, Ana. *Aprendendo História e Geografia*: conteúdos essenciais para o Ensino Fundamental de 1ª a 4ª séries. São Paulo: Ática, 2000.

DEL PRIORE, Mary (Org.). *História das crianças no Brasil*. São Paulo: Contexto, 1999.

DIMENSTEIN, Gilberto. *O cidadão de papel*: a infância, a adolescência e os direitos humanos no Brasil. São Paulo: Ática, 2001.

DUMONT, Sávia. *O Brasil em festa*. São Paulo: Companhia das Letrinhas, 2000.

GUIMARÃES, J. Gerardo M. *Folclore na escola*. São Paulo: Manole, 2002.

GUIMARÃES, Telma. *Do jeito que você é*. São Paulo: Formato, 2009. (Para aquecer o coração).

IACOCCA, Liliana; IACOCCA, Michelle. *De onde você veio?* São Paulo: Ática, 2004.

IACOCCA, Michelle. *O meu, o seu, o nosso*. São Paulo: Ática, 2010.

JAFFÉ, Laura; MARC, Laure Saint. *Convivendo com a família*. São Paulo: Ática, 2005. (Guia da criança cidadã).

_____. *Convivendo com a escola*. São Paulo: Ática, 2006. (Guia da criança cidadã).

_____. *Convivendo com a violência*. São Paulo: Ática, 2003. (Guia da criança cidadã).

JOSÉ, Elias. *Uma escola assim, eu quero pra mim*. São Paulo: FTD, 2007. (Segundas histórias).

KOFF, Adélia Maria Nehme e (Coord.). *Sou criança*: tenho direitos. Rio de Janeiro: 7Letras, 2010.

LE GOFF, Jacques. *História e memória*. Tradução de Bernardo Leitão [et al.]. São Paulo: Unicamp, 2003.

MACHADO, Ana Maria. *ABC do Brasil*. São Paulo: SM, 2008.

MOTA, António. *O primeiro dia na escola*. São Paulo: Leya, 2012.

RICE, Chris; RICE, Melanie. *As crianças na História*: modos de vida em diferentes épocas e lugares. Tradução de Mario Vilela. São Paulo: Ática, 1999.

ROCA, Núria. *Família*. Ilustrações de Rosa Maria Curto. Tradução de Irami B. Silva. São Paulo: Ibep, 2011. (Carambola).

_____. *Seu corpo*. Ilustrações de Rosa Maria Curto. Tradução de Irami B. Silva. São Paulo: Ibep, 2011. (Carambola).

SANTA ROSA, Nereide Schilaro. *Brinquedos e brincadeiras*. São Paulo: Moderna, 2001.

TAVARES, Regina Márcia Moura (Coord.). *Brinquedos e brincadeiras*: patrimônio cultural da humanidade. Campinas: CCA/PUC-Camp, 1994.

VON, Cristina. *A história do brinquedo*. São Paulo: Alegro, 2001.

ZAKZUK, Maísa. *A árvore da família*. São Paulo: Panda Books, 2007.